Känguru Lesespaß

Sigrid Gregor

Das verhexte ABC

arsEdition

Bibliografische Information Der Deutschen Bibliothek

Die Deutsche Bibliothek verzeichnet diese Publikation
in der Deutschen Nationalbibliografie;
detaillierte bibliografische Daten sind im Internet über
http://dnb.ddb.de abrufbar.

8 7 6 5 4   09 08 07 06

Text: Sigrid Gregor
Titelbild und Innenillustrationen: Sigrid Gregor
Titel- und Rückseitenvignetten: Betina Gotzen-Beek
ISBN 13: 978-3-7607-1584-1
ISBN 10: 3-7607-1584-2

www.arsedition.de

Inhalt

Die Jagd auf die Buchstaben

Die kleine Hexe Agathe 

hat in einer alten 

ein  gefunden.

Aber sie kann noch nicht lesen.

Neugierig blättert sie im 

und hält ihren  darüber.

Plötzlich flattern die 

aus den 

und fliehen aus dem  !

 will sie erwischen.

Einige fängt sie mit ihrem  .

Mit dem  jagt sie das R .

Das B ist in die 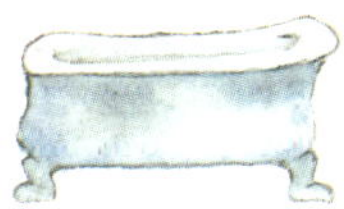 gefallen.

Unter dem  findet sie das T.

Das S zappelt im .

Schnell stopft 

die FGHIJ unter ihren 

und stellt ihn auf den .

Der  wackelt hin und her.

Die 

wollen weg!

 sucht das G im .

Da ist es nicht.

Sie entdeckt es hinter der !

Die 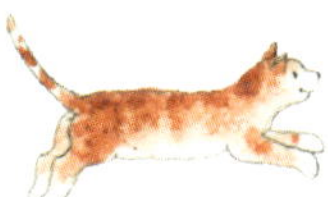 saust hinter dem K her.

Zack – hat sie es in den !

Der  jagt das O.

Es kullert ihm immer davon.

 lässt es von ihrem 

unter dem  hervorstochern.

Wo, verflixt, ist nur das D?

Im  ist es nicht.

Und auch nicht hinter dem !

 entdeckt es im 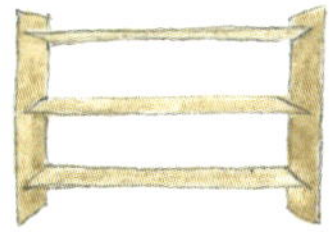

hinter der .

 befiehlt ihrem ,

die restlichen 

zusammenzukehren.

Die  zappeln immer noch.

Daher beschließt ,

sie an einer  aufzuhängen.

 ist erschöpft.

Sie öffnet das 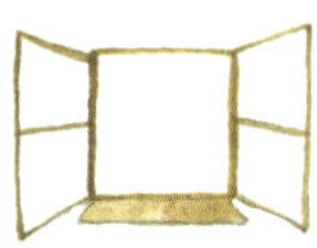

und setzt sich auf einen 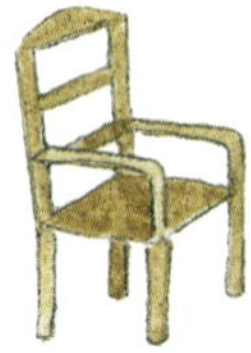.

Sie denkt:

„Die  zaubere ich morgen

in das  zurück –

und dann lerne ich lesen!“

Ofen

Zauberbuch

Katze

Regenschir

Seiten

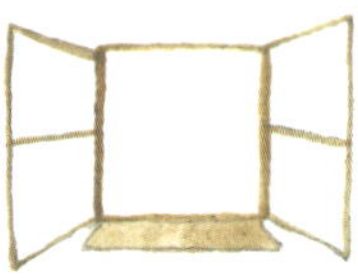
Fenster

Truhe

Dose

Rabe

Hexenbesen

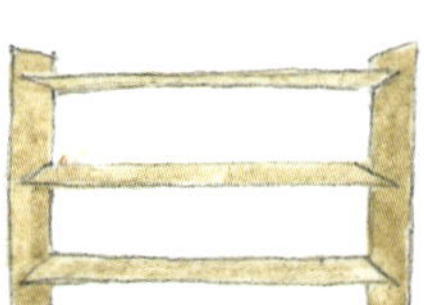
Regal

Teddy-Bär

Sieb

Hexenhut

Teppich

Badewanne

Topf

Krallen

Tisch

Korb

Stuhl

Gardine

Buchstaben

Zauberstab

Wäscheleine

Agathe

Wo ist nur das Z?

Am nächsten Morgen

betrachtet Hexe Agathe  die .

Die letzte  ist leer!

Das  ist verschwunden.

 sucht überall.

Aber das  ist nicht zu finden.

„Es muss durch das geöffnete 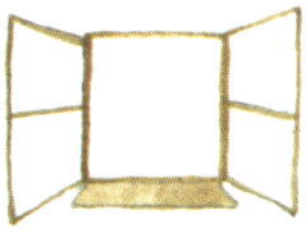

geflohen sein.

Oder es ist geklaut worden!“,

denkt  .

Sie nimmt ihren  ,

setzt ihren  auf

und geht auf die  hinaus.

Zwischen den  hat sich

das Z nicht versteckt.

 schaut

in einen hohlen 

und erschrickt fürchterlich.

Große gelbe  starren sie an!

„Ach, es ist ja nur die !“

 geht weiter

in den  hinein.

Sie stochert mit ihrem 

in einem  herum.

Plötzlich grunzt es im !

Ein wütendes 

kommt herausgerannt.

 springt auf ihren 

und saust davon.

Sie fliegt über die  hinweg.

Da sieht sie eine ,

die in ihrem 

auf ihrem  sitzt.

 fliegt an das  heran.

Sie sieht ihr  hervorblinken!

„Gib mir bitte mein  wieder,

liebe  !“, sagt  .

Ohne  lerne ich nie lesen –

und deshalb auch nie zaubern!“

Die  sagt:

„Ich gebe dir das  nur,

wenn du mir dafür

deinen  als  gibst!“

 hängt ihren 

verkehrt herum in die .

Glücklich stopft die 

ihren  in den .

 steckt das Z

in ihre 

und steigt auf ihren  .

Sie weiß, was sie sich

jetzt hexen muss:

natürlich einen neuen  !

Schwein

Buchstaben

Nest

Blumen

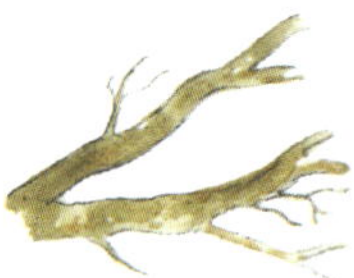

Äste

Baum

Agathe

Augen

Wiese

Tannen

Tasche

Schatz

Hexenhut

Elster

Eule

Wald

Gebüsch

Wäscheklammer

Hexenbesen

Buchstabensuppe

Hexe Agathe  ist wieder daheim.

Sie staunt, denn die 

zappeln immer noch wie verrückt!

Wie soll  die 

bloß wieder in das  bekommen?

„Und wie soll ich da lesen lernen!“,

seufzt  .

Da fällt ihr etwas ein!

Sie nimmt die 

und stopft sie in ihre  .

Die bindet sie mit einer  zu.

Das  klemmt sie

sich unter den 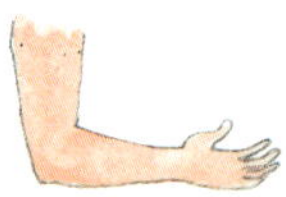.

Sie läuft zu dem 

der alten Hexe Zippedille .

 fragt  :

„Weißt du, wie ich die 

in mein  zurückbekomme?

Und wie lerne ich dann, darin zu lesen?“

„Tja“, sagt  .

„Die  musst du

in meinen  kippen

und etwas gemahlenen 

und getrockneten  dazutun.

Rühre alles gut um

und koche die  weich.

Einen 

gibst du auf jede  .

Die  kommen so

wieder zurück in das  .

Dann isst du ein paar  davon –

du wirst schon sehen ...“

 rührt alles zusammen

und tut, wie ihr  geraten hat.

Ihre  fangen an zu zucken!

 beginnt wie wild zu tanzen!

Und ihr  beginnt zu singen:

„Das A, B, C, D, E,

ist alles, was ich seh.

Jetzt F, G, H und I –

ich glaub, ich schaff es nie!

J, K, L, M, N, O,

es geht schon besser so.

P und Q und R,

das ist ja gar nicht schwer!

S und T und U

erkenne ich im Nu.

V und W und X,

nun geht es aber fix!

Und schließlich noch, wie nett,

kommt das Y und Z!“

 nimmt ihr 

in die 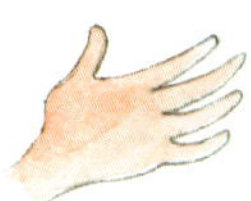.

Hurra!  kann alles lesen!

Sie zaubert sich

einen schicken neuen  .

Und für  und sich

eine riesige  voll 

mit  und  .

Kirschen

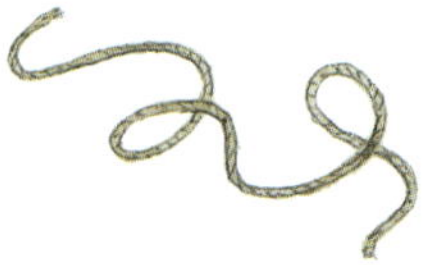

Schnur

Strümpfe

Schüssel

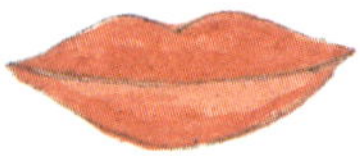

Mund

Haus

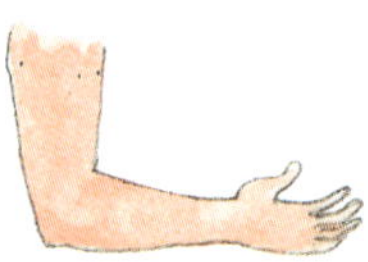

Arm

Schokolade

Hexenhut

Klecks

Zippedille

Eis

Drachenschwanz

Beine

Löffel

Agathe

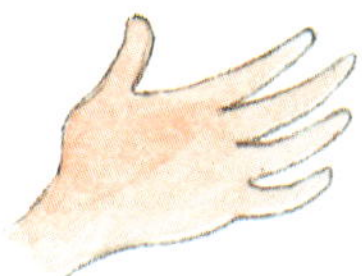

Hand

Fliegenpilz

Hexenkessel

Buchstaben

Seite

Lustige Geschichten für Leseminis

ISBN-13: 978-3-7607-4014-1
ISBN-10: 3-7607-4014-6

ISBN-13: 978-3-7607-1583-4
ISBN-10: 3-7607-1583-4

ISBN-13: 978-3-7607-4054-6
ISBN-10: 3-7607-4054-5

ISBN-13: 978-3-7607-4056-0
ISBN-10: 3-7607-4056-1

Spannende Geschichten für Leseanfänger

ISBN-13: 978-3-7607-1576-6
ISBN-10: 3-7607-1576-1

ISBN-13: 978-3-7607-4001-0
ISBN-10: 3-7607-4001-4

ISBN-13: 978-3-7607-3973-1
ISBN-10: 3-7607-3973-3

ISBN-13: 978-3-7607-4022-5
ISBN-10: 3-7607-4022-7

Känguru Lesespaß